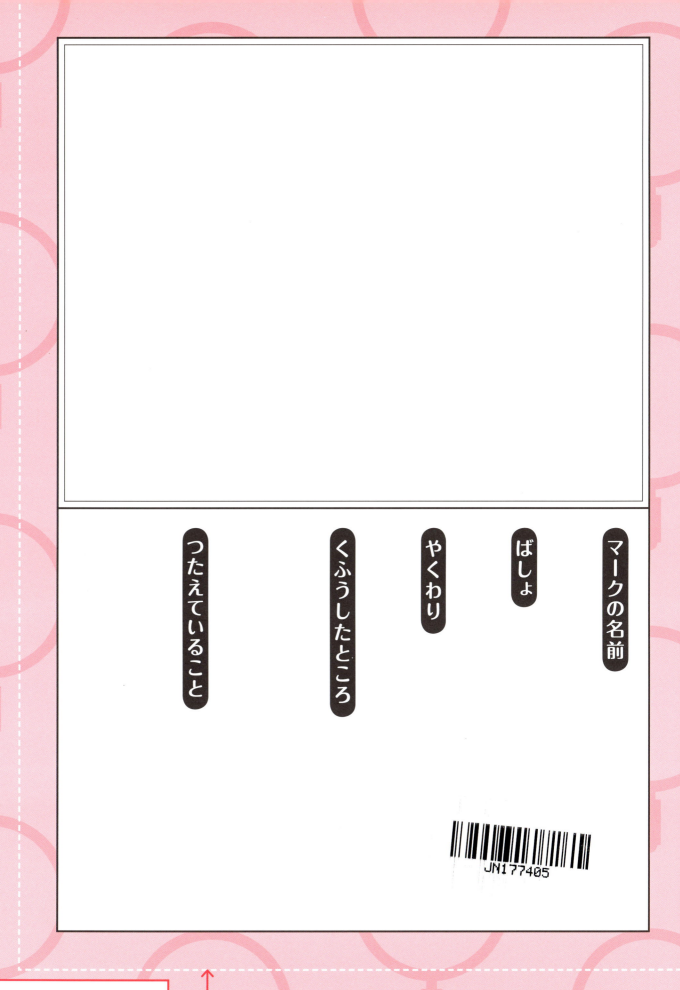

さがしてみよう！
まちの記号とマーク ④

店・公共施設の

小峰書店編集部　編・著

小峰書店

もくじ

記号とマークをさがそう！

シーン1 ショッピングセンター …… 4
ショッピングセンターで見つけた記号とマークの
やくわりとくふう …… 6
- 🔍 ズームイン 赤ちゃんの世話のためのマーク …… 8
- 🔍 ズームイン 食材に気をつけたい人のためのマーク …… 10

シーン2 博物館 …… 12
博物館で見つけた記号とマークのやくわりとくふう …… 14
- 🔍 ズームイン バリアフリーのためのマーク …… 16

シーン3 郵便局 …… 18
郵便局で見つけた記号とマークのやくわりとくふう …… 20
- 🔍 ズームイン 目が不自由な人のための点字 …… 22

シーン4 スポーツセンター …… 24
スポーツセンターで見つけた記号とマークの
やくわりとくふう …… 26
- 🔍 ズームイン 手助けが必要な人のためのマーク …… 28

シーン5 病院 …… 30
病院で見つけた記号とマークのやくわりとくふう …… 32
- 🔍 ズームイン 入院している人のためのマーク …… 34

記号とマークのQ&A …… 36
おまけの答えコーナー …… 37
さくいん …… 38

この本の読み方

1 記号とマークをさがそう！

- ここに書かれた記号とマークが、絵の中のどこにあるか、さがしてみよう。

2 見つけた記号とマークの、やくわりとくふうを見てみよう！

- 「ここにあったよ！」を見ると、前のページの「こんな記号とマークがあるよ！」の答えがわかるよ。
- 記号とマークのくわしい紹介の部分だよ。「やくわり」と「くふう」、「つたえていること」を説明しているよ。
- 「さがしてみよう！」では、このマークがあるほかのページを紹介しているよ。

ピンク色は会社のマークを表します。

3 ズームインのページ

- このシーン（ここでは郵便局）にある記号とマークをくわしく説明するページだよ。同じようなやくわりをもつ記号とマークを集めているので、記号とマークがどんなふうに役に立っているのかが、よくわかるよ。

ほかにどんな記号とマークがあるか、自分でさがしてみよう！

3

記号とマークをさがそう！

シーン 1 ショッピングセンター

　洋服のお店、本屋、スーパーマーケット、ドラッグストア、レストラン……。さまざまなお店が集まるショッピングセンターは、おおぜいのお客さんでにぎわいます。みんなが楽しく買い物できるように、記号とマークが活やくしています。

こんな記号とマークがあるよ！

あ 入り口のガラスに、犬の絵がかかれた赤い丸にななめ線のマークがある。

い 店のレジの上に、赤いマークがある。

う ななめの台に乗る人の絵のマークがある。

え エスカレーターに、ふたりの子どもの絵に赤いななめ線がついた絵のマークがある。

お 四角の中のかばんと、かぎの絵のマークがある。

か 四角の中に3人がいる絵のマークがある。

き 2階の天井から下がっている案内板に、赤ちゃんの絵のマークがある。

く 飲食店のメニューに、たまごをわった絵のマークがある。

シーン1 ショッピングセンターで見つけた 記号とマークのやくわりとくふう

ここにあったよ！

9ページを見てみよう！
37ページを見てみよう！
26ページを見てみよう！

あ ペットの持ちこみ禁止

やくわり ペットを店内に持ちこんではいけないことを知らせます。
くふう 赤い丸の中にかかれた黒い犬の絵に、ななめの線がついています。
つたえていること 犬だけでなく、ネコなどのほかのペットも禁止です。店に入る人みんなに見えるように、入り口のドアにはってあります。

さがしてみよう！ 禁止のマークは、ほかにもあるよ！
（答えは 7、15、33、35 ページ）

い レジ

やくわり レジの場所を案内します。
くふう Yen（円）の頭文字のＹに、横線2本をつけた形です。目立つように、赤い色になっていることもあります。
つたえていること 円を表す記号として使われるマークです。お金をはらう場所をつたえます。店内のはなれた場所からも見えるように、高い場所にあることが多いです。

う　エスカレーター

やくわり　エスカレーターがある場所を案内します。

くふう　エスカレーターと、乗っている人の絵です。矢印は、エスカレーターが動く方向をしめします。

つたえていること　大きな店では、上りと下りがはなれた場所にあることもあるので、上下の方向もつたえます。建物の中で遠くからでも見えやすいように、高い場所にあります。

え　エスカレーターの注意マーク

やくわり　エスカレーターで遊んではいけないと注意をします。

くふう　エスカレーターで遊ぶふたりの子どもの絵に、赤い丸とななめの線がついています。ならんでいるほかのマークも禁止マークです。

つたえていること　エスカレーターは、子どもの事故がおきやすい場所です。ぜったいに、走ったり追いかけたりして遊んではいけません、と注意をしています。

お　コインロッカー

やくわり　コインロッカーの場所を案内します。

くふう　四角の中に入ったかばんと、その上にかぎの絵があります。

つたえていること　かぎをかけて、荷物をあずけておける場所です。大きい荷物や重い荷物はここへあずけて、買い物を楽しんでくださいとつたえています。

か　エレベーター

やくわり　エレベーターの場所を案内します。

くふう　四角の中に3人の人がいて、その上に、上下の矢印があります。

つたえていること　車いすの人やお年より、ベビーカーの人などが、ほかの階へ行くのに必要な乗り物です。大きな建物の中で遠くからでもわかるように、高い場所にあります。

きく　については8、10ページでくわしく説明しています。

ズームイン 赤ちゃんの世話のためのマーク

おとなも子どもも、気持ちよく！

小さな子どもや赤ちゃんをつれたお父さんやお母さんが、ゆっくりと買い物を楽しめるように、お店にはたくさんのくふうがあります。たとえば、赤ちゃんの世話をするための場所や道具、親子で休める場所なども、用意されています。

それぞれの場所を多くの人に使ってもらえるように、マークで案内しています。

男性トイレの案内。青い男性のマークのとなりに、赤ちゃんのおむつをかえられる場所のマークもある。女性トイレだけでなく、男性トイレにもそなえつけられ、便利になってきている。

き 赤ちゃんのおむつをかえられる場所

やくわり 赤ちゃんの世話ができる場所を案内します。

くふう おむつをつけて、あおむけにねかされた赤ちゃんの絵です。こしの白い三角は、おむつです。

つたえていること トイレの一角や個室に、おむつがえのためのベッドなど、赤ちゃんの世話をするための場所があることをつたえています。トイレの入り口にマークがあるので、外からわかります。

ベビーチェアとおむつ交換台

← トイレの個室には、お母さんが用をすませるまで、赤ちゃんをすわらせておくためのベビーチェアがあることを知らせる。

← トイレに、赤ちゃんをねかせておむつをかえるための台がそなえつけてあることを知らせるマーク。

トイレにそなえつけてある、ベビーチェア（右）とおむつ交換台（左）。

子ども用トイレ

← 子ども専用のトイレを案内するマーク。女の子はむすんだかみの毛とスカート、男の子はつばつきぼうしで表している。

← 子どもが、おとなといっしょに使えるトイレのマーク。お母さんと子どもが手をつないでいる絵。小さな便器がそなえつけてあることが多い。

女性トイレの洗面台の前にある、子ども用の便器。男の子とお母さんの親子に、便利なトイレ。

授乳室

↑ 赤ちゃんにおっぱいやミルクをあたえるための部屋を案内するマーク。ミルクをつくるためのお湯も、用意してある。

赤ちゃんの駅（ベビー休憩室）

↑ 赤ちゃんをつれたお父さんやお母さんが、赤ちゃんに授乳したり、おむつがえができる場所。安心してねている赤ちゃんの絵で表している。

ズームイン 食材に気をつけたい人のためのマーク

アレルギー 食材をマークでたしかめる

ショッピングセンターには、軽食の店が集まったフードコートや、レストランがあります。それらのお店で、最近よく見られるマークがあります。「食品ピクトグラム」といって、料理に使っている食材をしめすマークです。

食物アレルギーのある人には、うっかり食べると具合が悪くなってしまう食べ物があります。また、信じている宗教によって、「食べてはいけないもの」がある人もいます。

いろいろな理由で食材に気をつけたい人に、「食品ピクトグラム」は役立っています。

食品ピクトグラムが使われている料理見本の札（上）と、ぶた肉を食べてはいけないイスラム教の人向けのメニュー（下）。食材を、細かくしめしている。

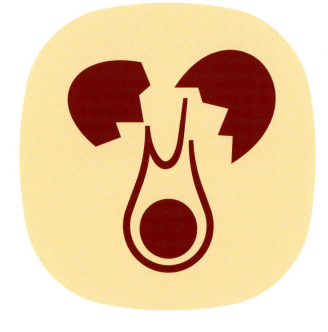

← たまご（食品ピクトグラム）

やくわり 料理にたまごが入っていることを知らせます。

くふう 色は黄色に茶色。茶色の部分が、たまごのからと、黄身の部分です。

つたえていること とくに、たまごを食べると体の具合が悪くなる「たまごアレルギー」の人に向けて、注意をしてください、とつたえています。

さまざまな食品ピクトグラム

とくにアレルギーを引きおこすことが多い食材を、ここにしめした。食品ピクトグラムはこのほかにもある。

© INTERNASHOKUNAL & NDC Graphics

アレルギーサインプレートで身を守る

　小さな子どもは、アレルギーがあることを自分でつたえることができません。そのため、アレルギーの発作をおこす食べ物を食べてしまうことがないように、まわりの人が気をつけなくてはなりません。

　食べられない食べ物の絵をかいたプレートを名札のように身につけて、まわりの人にアレルギーがあることをつたえる取り組みがあります。このプレートの絵は、インターネットのサイトから、かんたんに手に入れることができます。

たまごが食べられない子どもがつけるプレート。ほかにも、いろいろな食品の絵がある。

記号とマークをさがそう！

シーン2 博物館（はくぶつかん）

　ここは、恐竜の化石や模型を展示している恐竜博物館です。展示物を守りながら、子どもやお年より、車いすを使っている人など、さまざまな人に楽しんでもらうにはどうすればよいか、考えられています。

　さて、どんなマークがあるでしょうか？

こんな記号とマークがあるよ！

あ 入り口の近くに、長方形がふたつ重なった絵のマークがある。

い 展示物の案内板に、数字から3本の曲線が出ているマークがある。

う 展示物の近くに、赤い丸にななめ線の禁止マークがある。

え トイレの近くに、つつまれた品物の絵のようなマークがある。

お ところどころに、「順路」の文字と矢印のついた立て札がある。

か 電話の受話器の絵のマークがある。

き 入り口の近くに、青い犬の顔の絵のマークがある。

シーン2 博物館で見つけた記号とマークの
やくわり と くふう

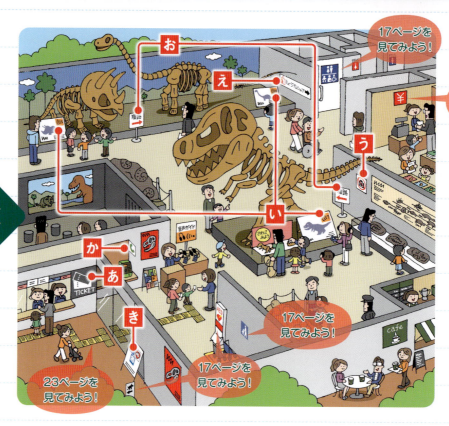

ここにあったよ！

 **あ 入館券売り場**

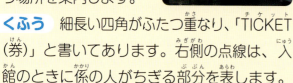

やくわり 入館券を買う場所を案内します。

くふう 細長い四角がふたつ重なり、「TICKET（券）」と書いてあります。右側の点線は、入館のときに係の人がちぎる部分を表します。

つたえていること ここで入館券を買ってくださいとつたえます。入館券売り場のマークは、博物館によって形がちがいます。

 **い 音声ガイドの案内**

やくわり 音声ガイドのサービスがある展示物をしめします。

くふう 数字は、展示物の順番です。長さのちがう3本の線が、広がっていく音を表します。

つたえていること 音声ガイドの機械にある番号をおすと、ヘッドホンからその展示物についての音声案内が流れることをつたえます。

う 撮影禁止

やくわり この展示物は、写真をとってはいけないと注意をします。

くふう 赤い丸の中にカメラの絵がかかれ、赤いななめの線があります。

つたえていること この展示物の撮影は、禁止されていますとつたえています。お客さんに、落ちついて展示物を見てもらうためのマークです。

フラッシュ撮影禁止

え ミュージアムショップ

やくわり ミュージアムショップ（博物館のみやげもの店）の場所を案内します。

くふう つつまれた商品と、取っ手のついた持ち帰り用の紙ぶくろの絵です。

つたえていること ミュージアムショップでは、博物館にちなんだ商品を買うことができるとつたえています。出口の近くにあることが多いので、館内の展示を見終わって出口へ向かうときに、立ちよることができます。

お 順路

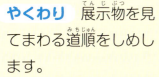
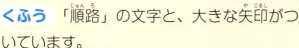

やくわり 展示物を見てまわる道順をしめします。

くふう 「順路」の文字と、大きな矢印がついています。

つたえていること 矢印にそって進めば、すべての展示物をもれなく見ることができるとつたえています。館内がこんざつしているときは、みんなが同じ方向に進むことが、安全にもつながります。

か 公衆電話

やくわり 公衆電話がある場所を案内します。

くふう 絵は、受話器を表しています。

つたえていること 公衆電話は、お金を入れると、使うことができる電話です。110番や119番の緊急電話は、お金を入れずにかけることができます。また公衆電話は、たとえば地震などの災害がおきて、携帯電話が使えなくなったときなどにも使うことができるので、安心です。

き については次のページでくわしく説明しています。

ズームイン バリアフリーのためのマーク

バリアフリー バリア（かべ）を感じている人を気づかう

博物館や美術館へ行きたいけれど、たとえばトイレが使えなかったり、子どもがさわいでしまうなど、こまったことがおきることを心配して、なかなか出かけられない。そんなバリア（かべ）を感じている人へ、心配いりませんのでどうぞ来てください、とつたえるマークがあります。

たとえば、目の不自由な人をみちびく盲導犬などの補助犬も、いっしょに入れますとマークで案内します。また、体の障がいのために特別なトイレが必要な人や、小さな子どもがいる人でも、博物館を楽しめるように案内しています。

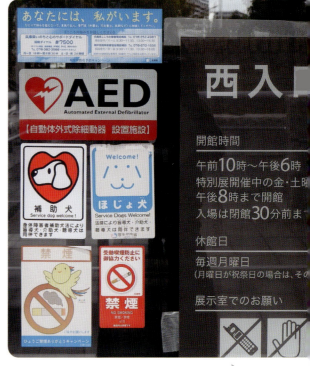

入り口にはってある、バリアフリー（かべを取りのぞくこと）のためのマーク。まん中のふたつのシールは、補助犬をつれたお客さんに、どうぞ入ってくださいとつたえている。

き ほじょ犬マーク

やくわり 障がいのある人が、補助犬といっしょに入館できることを知らせます。

くふう 犬の顔が青い線でえがかれていて、その上に「Welcome（いらっしゃいませ）」と書かれています。

つたえていること 盲導犬、介助犬、聴導犬などをまとめて、「ほじょ犬」とよんでいます。ほじょ犬をつれた人が、いっしょに入ることができます、とつたえています。このマークがなくても入場できますが、マークがあることでもっと安心できます。

そのほかの補助犬同伴可※マーク

↑盲導犬、介助犬、聴導犬など、障がいのある人の生活を助けてくれる犬と、いっしょに入館できることをしめす。バリアフリーをめざす団体などが、それぞれにつくっている。

※「同伴可」は、いっしょにいてもよい、という意味。

補助犬用トイレ

↑補助犬が使うトイレを案内するマーク。補助犬をつれた人にとって、犬のトイレは人間のトイレと同じように大切。

オストメイトのためのトイレ

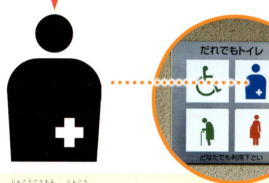

↑人工肛門・人工ぼうこうを体にもうけている人（オストメイト）のための設備があることをしめすマーク。おなかに十字がえがかれている。

AED（自動体外式除細動器）

↑とつぜん心臓が止まった人に、電気ショックをあたえて命を助ける機械を、AED（自動体外式除細動器）という。このマークは、AEDがそなえてある場所をしめす。

子どもをあずかる場所

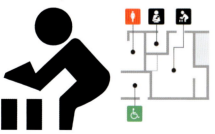

←東京国立博物館のフロアマップにある、子どもをあずかる部屋のマーク。

↑積み木で遊ぶ子どもの絵。じっくりと館内を見てまわりたい親のために、子どもをあずかってくれる場所をしめす。

ベビーカーマーク

↑展示室に入るためにベビーカーをあずける場所をしめす。ベビーカーを貸し出す場所をしめすときもある。

記号とマークをさがそう！

シーン3 郵便局（ゆうびんきょく）

手紙や荷物を送りたいときや、お金をあずけたり、あずけたお金を引き出したり、だれかに送ったりするときに行くのが、郵便局です。
　郵便局には、だれもが使いやすいバリアフリーのためのくふうがたくさん見られます。そのために記号やマークが役立っています。

こんな記号とマークがあるよ！

あ 郵便ポストや入り口のかんばん、郵便配達車に、たてと横の線でできたマークがある。

い 室内にあるポストの上に、手紙の絵のマークがある。

う 入り口のかんばんやドアに、赤に白い文字のマークがついている。

え お客さんが持っている白いダンボールの箱に、赤い文字のマークがついている。

お お金をあずけたり、出したりする機械の上に、緑色のマークがついている。

か 窓口に、数字といっしょに３色のマークがある。

シーン3 郵便局で見つけた記号とマークの やくわり と くふう

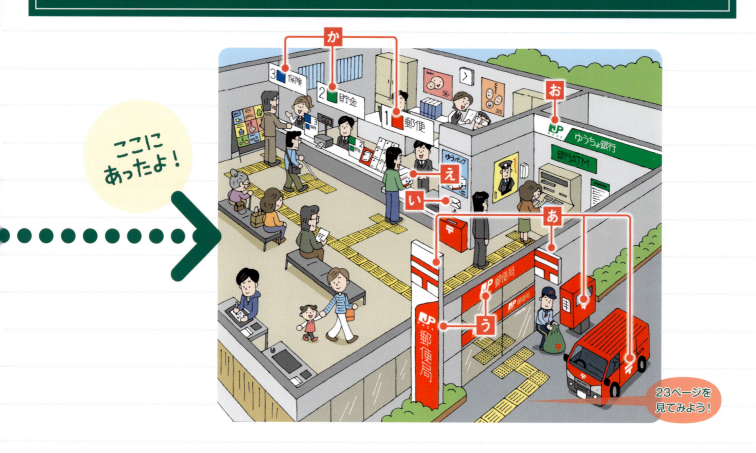

ここにあったよ！

23ページを見てみよう！

あ 郵便マーク

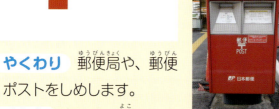

やくわり 郵便局や、郵便ポストをしめします。
くふう 色は赤。横に2本、その下にたて線1本を組み合わせた形です。むかし郵便の仕事を管理していた役所「逓信省」の「テ」の文字をもとにしたマークとされます。
つたえていること 日本の郵便のシンボルマークで、日本だけで使われています。

い 投函口のマーク

やくわり 配達してほしい手紙を入れる場所を、知らせます。
くふう ふうとうを表しています。
つたえていること JIS（日本工業規格）で決められた、「郵便」を意味するマークです。出したい手紙はここへ入れてください、とつたえます。

見てみよう！ JISマークについては、1巻36ページを見よう！

 # 郵便局

う 郵便局(ゆうびんきょく)マーク

やくわり ここが、郵便局であることをしめします。

くふう 色は郵便を表す赤。「J」はJAPANの頭文字で、日本全国の利用者を、「P」はPOSTの頭文字で、日本郵政グループを表します。

つたえていること 日本郵便株式会社が、全国の郵便局で、郵便のサービスをおこなっている会社だとつたえます。郵便局の入り口や、配達員のヘルメットなどに、このマークがついています。

え ゆうパック

やくわり 郵便局があつかっている宅配便サービスをしめします。

くふう 「ゆうパック」の赤い文字の下に青い帯があり、「JP POST（日本郵便株式会社）」と書いてあります。

つたえていること 個人の家や会社まで、短い時間で荷物を配達する「宅配便」のサービスであることを、つたえます。配達車や宅配伝票、郵便局の窓口などで見られます。

 ゆうちょ銀行

| 1 (赤) | 2 (緑) | 3 (青) |

お ゆうちょ銀行マーク

やくわり ゆうちょ銀行をしめします。

くふう 色は緑です。JとPの文字の下に「BANK（銀行）」と書いてあります。郵便局と同じグループの会社には「JP」が使われ、サービスごとに色が決まっています。ゆうちょ銀行は、緑色です。

つたえていること ゆうちょ銀行の場所や、商品・サービスであることをつたえています。駅やショッピングセンターにあるATM（自動預け払い機）でも見られるマークです。

か 窓口(まどぐち)カウンターサイン

やくわり 郵便局にある、郵便・貯金・保険のそれぞれの窓口を案内します。

くふう 赤、緑、青の3色に色分けし、赤は郵便の窓口、緑は貯金の窓口、青は保険の窓口をしめします。

つたえていること 郵便局には、おもに3つの種類のサービスがあることをつたえます。郵便の窓口は、郵便ポストや郵便マークと同じ赤い色、貯金の窓口はゆうちょ銀行と同じ緑色と、わかりやすくなっています。

ズームイン 目が不自由な人のための点字

点字 さわって利用する郵便サービス

点字は、目の不自由な人が手でさわって読む文字です。郵便局では、目の不自由な人がすべてのサービスを利用することができるように、あらゆる場所に点字がついています。

点字は、固いものだけでなく、紙などいろいろなものに書くことができます。たとえば、「点字郵便物」といって、点字で書かれた手紙を送ることもできます。郵便をたくさんやりとりできるように、郵便料金は無料です。

郵便ポストの点字を読んでいるところ。目の不自由な人がこまらないように、郵便局でもゆうちょ銀行でも、いろいろな点字サービスをおこなっている。

ポストの白い部分には、手紙の種類によって分けてある投函口の説明や、係の人が郵便物を集めにくる時間が書いてある。

「てがみ」の3文字を表す点字

郵便ポストの点字

やくわり 目の不自由な人に、投函口について説明します。

くふう 色はありません。小さくもりあがった点がならんでいます。ひとつから6つの点を1文字として、点のならび方で、ひらがなの五十音をそれぞれ表しています。

つたえていること ポストには、投函口の説明（入れる手紙の種類）や集める時間などについて、点字で書かれています。さわると、ポストに書いてあることが読み取れます。

点字郵便物

「点字用郵便」とおせるゴム印もある。

↑点字郵便物。切手をはる場所に「点字用郵便」と書いてある。料金はかからない。

点字の不在通知

←目の不自由な人は、「郵便物をとどけに来ましたが留守でした」という不在通知を読むことができない。そこで、点字で書かれた不在通知がポストに入れられる。

ATMの点字

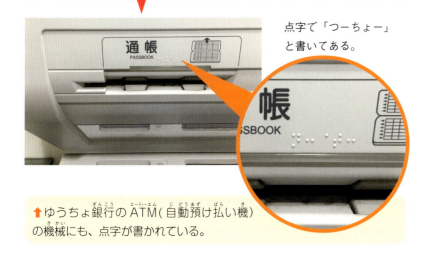

点字で「つーちょー」と書いてある。

↑ゆうちょ銀行のATM（自動預け払い機）の機械にも、点字が書かれている。

点字金額表示器

↑ATMの右はしにあり、小さな点字が飛び出して、機械であつかった金額などをしめす。

エレベーター内の点字

↑目の不自由な人がひとりでエレベーターに乗ることができるように、階をしめすボタンや操作ボタンの上に点字がある。

視覚障がい者誘導用ブロック

↑ゆかにある誘導用ブロック。目の不自由な人が、ブロックをたどって歩けるようになっている。

記号とマークをさがそう！

シーン4 スポーツセンター

　運動をしたい人が楽しく体を動かせるように、市や町には、だれでも利用できるスポーツセンターがあります。なかには、プールがあるスポーツセンターもあります。

　どんなマークがあるか、さがしてみましょう。

こんな記号とマークがあるよ！

- **あ** 入り口に近い場所に、「i」の字のマークがある。
- **い** 自転車の絵のマークがある。
- **う** 「だれでもトイレ」のマークがある。
- **え** 水を飲んでいる人の絵のマークがある。
- **お** 人とハンガー、シャワーの絵のマークがある。
- **か** 機械の上で走っている人の絵のマークがある。
- **き** 車いすにすわっている人の絵の、青いマークがある。

シーン4 スポーツセンターで見つけた 記号とマークのやくわりとくふう

ここにあったよ！

あ 総合案内所（受付）

- **やくわり** 案内所（受付）の場所を知らせます。
- **くふう** アルファベットの「i」の文字は、英語のinformation（情報）の頭文字です。
- **つたえていること** 案内所では、わからないことを教えてもらえます。「？」のマークも使われますが、外国の人にもわかりやすい「i」のマークが多くなってきています。

さがしてみよう！ 3巻30ページも見てみよう！

い 駐輪場

- **やくわり** 乗ってきた自転車をおく場所をしめします。
- **くふう** 色は青。自転車がえがかれています。
- **つたえていること** 自転車をそれぞれが勝手な場所におくと、歩く人のめいわくになります。ほかの場所におかず、ここへおいてください、とつたえています。

う 多目的トイレ（だれでもトイレ）

やくわり いろいろな人が使えるトイレだと知らせます。

くふう 車いすにすわる人、台におとなの人をねかせている人、オストメイトの人（くわしくは17ページ）などの絵があります。

つたえていること どんな人でも自由に使えるトイレです。体の不自由な人をねかせて世話をするための台もあります。いろいろな機能をもつので「多機能トイレ」ともよばれます。

え 水飲み場

やくわり ここは水飲み場です、と知らせます。

くふう 体の上半分をおりまげて、かがみこんでいる人の絵です。下から出ている水が、円をえがくようにえがかれています。

つたえていること みんながきれいな水を飲める場所です、とつたえています。うがいをしたり、いらなくなった飲み物を流したりしてよごしてはいけません。

お 更衣室・シャワー室

やくわり 服を着がえたり、シャワーをあびたりする場所を案内します。

くふう 男の人と女の人、それぞれの絵に、服をかけるハンガーとシャワーの絵が組み合わされています。

つたえていること 男女それぞれに部屋を分けているので、着がえやシャワーなどに、安心して使ってください、とつたえています。

か トレーニング室

やくわり 部屋の中で、器具を使って体をきたえる場所だと知らせます。

くふう ランニングマシンに乗って、走っている人の絵です。

つたえていること ランニングマシンだけでなく、体をきたえるためのいろいろな器具があることをつたえています。室内なので、ここからは外ではくくつではなく、室内用の運動ぐつにはきかえる必要があります。

き については次のページでくわしく説明しています。

ズームイン 手助けが必要な人のためのマーク

思いやり 不便を感じている人に手助けを！

　障がいのある人のための「国際シンボルマーク」を知っていますか？　車いすにすわった人の絵の、青いマークです。世界共通のマークで、障がいのある人が利用しやすい建物や、トイレなどで見られます。

　いっぽう、身につけるマークもあります。つえをついたりしている人だけでなく、見ただけではわからない障がいをかかえている人も、たくさんいます。そのような人たちが、マークをつけることでまわりの人に気づいてもらい、必要なときに助けてもらうためのものです。

体の不自由な人や妊娠している人、体の中に障がいのある人、けがをしている人などが優先して使うことができる駐車場。それぞれを表す絵がついている。

き 国際シンボルマーク

やくわり　このマークがついている建物やトイレは、障がいのある人も使いやすいことを知らせます。または、障がい者優先や、専用の場所だとしめします。

くふう　色は青です。車いすにすわった人の絵です。

つたえていること　障がいのある人たちが住みやすいまちづくりを進めるために、1969年に決められた世界共通のマークです。「車いすマーク」ともよばれていますが、車いすを使っている人だけでなく、すべての障がいのある人のためのマークです。

目の不自由な人のための国際シンボルマーク

新しく開発された、目の不自由な人のための歩行誘導マット。青いシンボルマークがつけられている。23ページの視覚障がい者誘導用ブロックのような凹凸はなく、まん中に入っているクッションを足でふんで、その感覚で道をたどることができる。写真は市役所の中。

横断歩道にある、目の不自由な人のための音の出る信号機。横断するときにおすと、青信号の間は電子音が鳴る。

←白いつえをついて歩く人の絵。目に障がいのある人の安全を考えてつくられたものなどにつけられる、世界共通のマーク。

耳マーク

耳マークがある窓口は、筆談（文字を書いて会話すること）ができることをつたえている。

↑耳が不自由であることをしめすマーク。けんめいに耳をすます人の耳に、音が集まってくるようすを表す。建物のドアや受付にある場合、耳が不自由な人も安心して利用できる場所だとつたえている。

ヘルプマーク

←義足を使っていたり、難病をかかえているなど、見た目ではわかりにくい障がいをもつ人が身につける。2012年に東京都がつくった。

マタニティマーク

←妊娠中の女の人が、外に出るときに身につけるマーク。ピンクのハートの中に、お母さんと赤ちゃんがいっしょにいる絵。キーホルダーとしてかばんにつけることが多い。電車やバスの優先席にもはってある。

ハート・プラスマーク

←内臓など、体の中に障がいのあることをしめすマーク。体の内部を意味する「ハートマーク」に、思いやりの心を「プラス」したもの。

ハート・プラスマークの優先場所がもうけられた駐車場。

記号とマークをさがそう！

シーン5 病院(びょういん)

　病気になった人やけがをした人、赤ちゃんを産む人などは、医者にみてもらうために病院へ行きます。病院には、検査や治療をするための部屋があります。特別な機械も、おいてあります。

　病院でしか見られない記号やマークもあるので、さがしてみましょう。

こんな記号とマークがあるよ！

- **あ** 救急車に、青いマークがある。
- **い** トイレに、コップの絵のマークがある。
- **う** ふたりの人が話をしている絵のマークがある。
- **え** 1階に、人が台の上にねている絵のマークがある。
- **お** ドアに、赤い丸の禁止マークがある。
- **か** 薬のびんとカプセルがならんだ絵のマークがある。
- **き** 入院している人のベッドのところに、黒いマークがならんでいる。

シーン5 病院で見つけた記号とマークの やくわり と くふう

ここにあったよ！

15ページを見てみよう！
1巻31ページを見てみよう！
7ページを見てみよう！
6ページを見てみよう！
26ページを見てみよう！

あ スターオブライフのマーク

※ STAR OF LIFE は「命の星」という意味。

やくわり この車が救急のための車だと知らせます。
くふう まん中の絵はアスクレピオス（ギリシャ神話の医術の神）が持つ杖、まわりの6本の柱は、救急医療に必要な6つのことがらを表します。
つたえていること 事故や急病で手当てが必要な人を助ける、救急医療活動のシンボルマークです。世界中で見られるマークで、救急車だけでなく、ドクターヘリや救急救命士の腕章などにもあります。

い 採尿用トイレ

やくわり 尿検査のためのトイレです。
くふう 目もりのあるコップに、液体が入っている絵です。
つたえていること 「検査のための尿をとってください」と言われたら、このトイレで尿をとります。トイレには、尿の入った紙コップをおく場所があります。

う スタッフステーション

やくわり 看護師や管理栄養士、薬剤師など、病院ではたらく人たちがいる場所を案内します。

くふう つくえの向こう側で話をする人と、こちら側に立っている人の絵で、「スタッフステーション」を表します。

つたえていること 看護師など、病院ではたらく人たちはここにいるので、用があったらここへ来てくださいとつたえています。「ナースステーション」としている病院もあります。

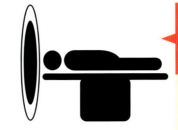

え CTスキャン室

やくわり CTスキャン（X線で体内を撮影すること）の場所を、しめしています。

くふう 台の上に横たわっている人と、その頭の先に、丸い大きな穴の絵があります。

つたえていること 「CTをとってください」と医者から言われたら、このマークの部屋に行って撮影してもらいます。あつかいに注意がいるX線が使われるので、CTスキャン室は病室や診察室からはなれた場所にあります。

お 携帯電話の使用禁止

やくわり ここから先は、携帯電話が使えない場所だと知らせます。

くふう 携帯電話の絵に、赤いななめの線がついています。

つたえていること 手術室など、とくに注意が必要な場所では、携帯電話やスマホは使えません。また、病院では人工呼吸器など、命にかかわるさまざまな機械が使われています。まちがって動かさないよう、電波を発信してはいけない場所にこのマークがあります。

か 薬局窓口

やくわり 薬を受け取る場所を案内します。

くふう 左に、十字がえがかれたびん、右に、薬のカプセルの絵がならんでいます。

つたえていること 診察のときに医者が指示をした薬は、この窓口からわたされるので、お金をはらい終わったら、この場所で待っているようにとつたえています。またこのマークは、飲み薬だけでなく、ぬり薬やしっぷなどすべての薬を表しています。

き については次のページでくわしく説明しています。

ズームイン 入院している人のためのマーク

看護 正しく世話をするために

入院している患者に対して、看護師などがどんな看護をすればよいのかひと目でわかるためのマークがあります。「医療看護支援ピクトグラム」とよばれるもので、入院中の患者の生活にかかわることや、注意しなければならないことなどをマークで表します。

まちがった看護をしないために、このマークを使う病院が少しずつふえています。

入院している患者のベッドの近くにある医療看護支援ピクトグラム。

液晶のディスプレイに、医療看護支援ピクトグラムが表されている病院もある。

き 医療看護支援ピクトグラム

やくわり 看護する人に、この患者は移動するときには車いすを使います、と知らせています。

くふう 車いすにすわる人と、後ろからおしている人の絵です。

つたえていること 入院している患者に対して正しい看護や手当てができるよう、患者の移動のしかたをつたえています。その日の状態にあわせてマークを変えられるので、看護師や家族などまわりの人が、マークにあわせて看護をすることができます。

そのほかの医療看護支援ピクトグラム

移動のしかた

↑歩いて移動する。　　↑つえを使って移動する。　　↑歩行器を使って移動する。　　↑ベッドにねて移動する。

姿勢

←ベッドの頭部を起こすのは30度まで。それより高くしてはいけない。

食事・飲み物

←朝食をとることは禁止。赤いななめ線は禁止を表す。

←飲み物を飲んでよい。してもよいことを青い丸で表している。

医師や看護師が知っておくべきこと

↑右腕に注射をするのは禁止。　　↑決まった時間に採血（検査用に血をとること）をする患者。　　↑おしっこの管理が必要な患者。　　↑リハビリテーション※中の患者。

※手術後などにおこなう、体を動かす訓練。

薬ののみ方がわかる「薬のマーク」　▶

　薬をのむときには、1日に何回のむのか、食前か食後かなど、気をつけなければならないことがたくさんあります。そこで一部の薬局では、子どもやお年より、外国の人にもわかるように、薬ののみ方や注意点をマークで知らせています。

左から、口からのむ薬（内服薬）、おしりから入れる薬（座薬）、のむ時間と回数は昼に1回、をしめすマーク。

マークがついた薬局のふくろ。

記号とマークのQ&A

Q1 同じような意味のマークがいくつもあるのはなぜ？

　心臓や胃・腸など、体の中に障がいのある人や、義足や義手をつけていても、服にかくれて見えない人がいます。それらの、見た目では障がいに気づかれにくい人にも、まわりの人の気づかいや手助けが必要なときがあります。

　これらの人たちが必要なときに助けてもらえるように、身につけてまわりに知らせるためのマークが、29ページにある「ヘルプマーク」や「ハート・プラスマーク」です。同じような意味をもつマークが、ほかの地域や、体の中に障がいのある人たちの団体などでもつくられています。

　ひとつのマークにまとめたほうがよいのでは、という声もあり、オリンピック・パラリンピックが開かれる2020年に向けて、ひとつに決める動きもあるようです。

東京都がつくった「ヘルプマーク」。

NPO法人ハート・プラスの会がつくった「ハート・プラスマーク」。

兵庫県がつくった「譲りあい感謝マーク」。

山口県がつくった「サポートマーク」。

A こたえ：都道府県や関係する団体が、それぞれにつくっているからです。

Q2 エレベーターのボタンが2か所にあるのはなぜ？

　エレベーターのおしボタンは、立っておすのにちょうどよい高さと、車いすにすわっているとちょうどよい高さの、2か所につけられています。低い位置のボタンをおすと、とびらが開いている時間が長くなります。ドアのしまるスピードがゆっくりになるものもあります。車いすの人が使いやすいように、考えられたしくみです。

A こたえ：低い位置のボタンは、車いすを使っている人のためのものです。

建物や乗り物などをつくるときには、障がいのある人やお年よりにも、使いやすいようにしなければなりません。そのために、マークが大きなやくわりをはたしています。このページでは、マークについてもう少しくわしい内容を紹介します。

Q3 バリアフリーって何？

ノンステップ（段差のない）バス。だれにとっても乗りおりしやすい。

バリアとは、日本語で「かべ」という意味です。フリーというのは、「取りのぞく」という意味です。つまりバリアフリーは、いろいろなかべがなくなって、障がいのある人やお年よりなどが生活しやすくなることです。もともとは建物を建てるときに、車いすの人や、足が弱くなったお年よりが使いやすいように、建物の中の段差をできるだけなくしたり、ドアのはばを広くしたりすることをさす言葉でした。また、「ユニバーサルデザイン」といって、すべての人にとって最初からバリアのないものをつくろうという考え方もあります。

そのような社会をつくるために、マークが大活やくをします。国や年齢に関係なく、だれにでも意味がわかるという長所をもつマークは、バリアフリーの社会にぴったりなのです。

A こたえ： 体の不自由な人だけでなく、だれもがバリアを感じないでくらせることです。

おまけの答えコーナー

5ページ：レストラン

フォークとナイフの絵で、レストランやフードコートなどの飲食店を表す。この写真のマークは、小さなフォークとナイフも右側にある。小さな子どももいっしょに、食事を楽しめる店です、とつたえている。

25ページ：プール

プールの場所を案内するマーク。水面から上半身を出して、クロールで泳ぐ人の絵。プールでは、泳ぐだけでなく、水中ウォーキングなど、楽しみ方がいろいろある。水の中で運動ができる場所です、とつたえている。

さくいん

項目が絵で表されている場合も、そのページをしめしています。

赤ちゃんの駅（ベビー休憩室） …………… 9
赤ちゃんのおむつをかえられる場所
　　………………………………… 5、8、13
医療看護支援ピクトグラム
　　……………………………… 30、31、34、35
AED（自動体外式除細動器） …… 13、17、24
ATMの点字 ……………………………… 23
エスカレーター ………………………… 4、7
エスカレーターの注意マーク ………… 5、7
エレベーター ………………… 4、7、25、31
エレベーター内の点字 ………………… 23
オストメイトのためのトイレ …… 13、17、24
音声ガイドの案内 …………… 12、13、14

薬のマーク ……………………………… 35
携帯電話の使用禁止 ………………… 31、33
コインロッカー ………………… 4、5、7、25
更衣室・シャワー室 …………………… 25、27
公衆電話 ……………………… 12、15、31

国際シンボルマーク ………… 13、24、25、28
子ども用トイレ …………………………… 9
子どもをあずかる場所 ………………… 17

採尿用トイレ …………………………… 31、32
撮影禁止 ………………………………… 13、15
サポートマーク ………………………… 36
CTスキャン室 ………………………… 31、33
視覚障がい者誘導用ブロック
　　………………………… 5、12、18、23、25
授乳室 …………………………………… 5、9
順路 ……………………………… 12、13、15
食品ピクトグラム …………… 5、10、11
スターオブライフのマーク ………… 30、32
スタッフステーション ……………… 31、33
総合案内所（受付） ……… 4、25、26、30

多目的トイレ ……………………… 13、24、27
駐輪場 …………………………………… 24、26

点字金額表示器 …………… 23	耳マーク …………… 29
点字の不在通知 …………… 23	ミュージアムショップ …………… 13、15
点字郵便物 …………… 23	目の不自由な人のための国際シンボルマーク
投函口のマーク …………… 19、20	…………… 29
トレーニング室 …………… 24、27	薬局窓口 …………… 31、33
入館券売り場 …………… 12、14	ゆうちょ銀行マーク …………… 19、21
ハート・プラスマーク …………… 28、29、36	ゆうパック …………… 19、21
バリアフリー …………… 16、37	郵便局マーク …………… 19、21
プール …………… 25、37	郵便ポストの点字 …………… 22
フラッシュ撮影禁止 …………… 15	郵便マーク …………… 19、20
ペットの持ちこみ禁止 …………… 5、6	譲りあい感謝マーク …………… 36
ベビーカーマーク …………… 13、17	ユニバーサルデザイン …………… 37
ベビーチェアとおむつ交換台 …………… 9	レジ …………… 4、6、13
ヘルプマーク …………… 29、36	レストラン …………… 5、37
補助犬同伴可マーク …………… 12、17	
ほじょ犬マーク …………… 12、16	
補助犬用トイレ …………… 17	

ま や ら

マタニティマーク …………… 29
窓口カウンターサイン …………… 18、19、21
水飲み場 …………… 25、27

イラスト	バーヴ岩下
装丁・本文デザイン	倉科明敏（T.デザイン室）
企画・編集	渡部のり子・山崎理恵（小峰書店） 常松心平・鬼塚夏海（オフィス303）
協力	古谷成司（千葉県富里市教育委員会） 古谷由美（千葉県印西市立小倉台小学校） 公益財団法人エコロジー・モビリティ財団
取材・写真協力	（株）日本郵便／（株）ゆうちょ銀行／（社）エーエルサイン／岩手県立博物館／沖縄県立博物館・美術館／横浜市南スポーツセンター／朝日新聞社／長野県岡谷市民病院／E-CURE／（社）くすりの適正使用協議会／アートフォーラムあざみ野

さがしてみよう！ まちの記号とマーク❹

店・公共施設の記号とマーク

2017年4月5日　第1刷発行　　2019年9月10日　第3刷発行

編・著	小峰書店編集部
発行者	小峰広一郎
発行所	株式会社小峰書店 〒162-0066 東京都新宿区市谷台町 4-15 TEL 03-3357-3521　FAX 03-3357-1027 https://www.komineshoten.co.jp/
印　刷	株式会社三秀舎
製　本	小髙製本工業株式会社

© Komineshoten 2017 Printed in Japan　　NDC 801　39p　29 × 23cm　　ISBN978-4-338-31004-8

乱丁・落丁本はお取り替えいたします。
本書のコピー、スキャン、デジタル化等の無断複製は著作権法上での例外を除き禁じられています。本書を代行業者等の第三者に依頼してスキャンやデジタル化することは、たとえ個人や家庭内での利用であっても一切認められておりません。

くらべてみよう そっくりマーク

すべりやすいので注意
こおりやすい道路などにある、注意マークだよ。

タクシー乗り場
タクシー乗り場のマークだよ！駅前によくあるね。

レンタカー
レンタカーの受付だよ。空港などで見かけるよ。

段差に注意
気づきにくい段差に、注意してもらうためのマークだよ。つまずかないよう、注意！

広域避難場所
災害のときのみんなの避難場所だよ。学校や公園が多いよ。

非常口
建物の中にある非常口を案内するよ。このマークをめざしてにげよう！

病院（地図記号）
病院を表す、地図上の記号だよ。国立や県立の病院をしめす記号だよ。

待合室
電車やバスを待つための場所だよ。いすがおいてあるから、すわっていられるよ。

ミーティングポイント
だれかと待ち合わせをするのに、おすすめの場所だよ。空港などで見られるよ。

病院（新・地図記号）
外国の人にもわかりやすいように、2016年に新しくつくられた地図記号だよ。